Mon album illustré bilingue

Mi libro ilustrado bilingüe

Les plus beaux contes pour enfants de Sefa en un seul volume

Ulrich Renz • Barbara Brinkmann:

Dors bien, petit loup · Que duermas bien, pequeño lobo

À lire à partir de 2 ans

Cornelia Haas • Ulrich Renz:

Mon plus beau rêve · Mi sueño más bonito

À lire à partir de 2 ans

Ulrich Renz • Marc Robitzky:

Les cygnes sauvages · Los cisnes salvajes

D'après un conte de fées de Hans Christian Andersen

À lire à partir de 5 ans

© 2024 by Sefa Verlag Kirsten Bödeker, Lübeck, Germany. www.sefa-verlag.de

Special thanks to Paul Bödeker, Freiburg, Germany

All rights reserved.

ISBN: 9783756304653

Lis · Écoute · Comprends

Traduction:

Céleste Lottigier (français)

Anneli Landmesser (espagnol)

Livre audio et vidéo :

www.sefa-bilingual.com/bonus

Accès gratuit avec le mot de passe:

```
français: LWFR1527
espagnol: LWES1428
```

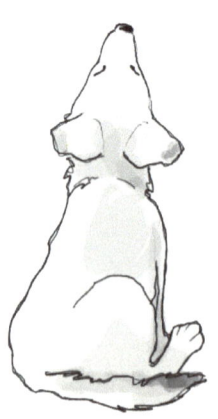

Bonne nuit, Tim ! On continuera à chercher demain. Dors bien maintenant !

¡Buenas noches Tim! Seguiremos buscando mañana. Ahora ¡que duermas bien!

Dehors, il fait déjà nuit.

Afuera ya ha oscurecido.

Mais que fait Tim là ?

¿Qué está haciendo Tim ahí?

Il va dehors, à l'aire de jeu.
Qu'est-ce qu'il y cherche ?

Se está yendo al parque infantil.
¿Qué está buscando ahí?

Le petit loup !

Sans lui, il ne peut pas dormir.

¡El pequeño lobo!

No puede dormir sin él.

Mais qui arrive là ?

¿Quién viene ahí?

Marie ! Elle cherche son ballon.

¡Marie! Está buscando su pelota.

Et Tobi, qu'est-ce qu'il cherche ?

¿Y qué está buscando Tobi?

Sa pelleteuse.

Su excavadora.

Et Nala, qu'est-ce qu'elle cherche ?

¿Y qué está buscando Nala?

Sa poupée.

Su muñeca.

Les enfants ne doivent-ils pas aller au lit ?

Le chat est très surpris.

¿No tienen que ir a dormir los niños?

El gato se sorprende mucho.

Qui vient donc là ?

¿Quién viene ahora?

Le papa et la maman de Tim !
Sans leur Tim, ils ne peuvent pas dormir.

¡La mamá y el papá de Tim!
Ellos no pueden dormir sin su Tim.

Et en voilà encore d'autres qui arrivent !
Le papa de Marie. Le papi de Tobi. Et la maman de Nala.

¡Y ahí vienen aún más! El papá de Marie.
El abuelo de Tobi. Y la mamá de Nala.

Vite au lit maintenant !

¡Ahora rápido a la cama!

Bonne nuit, Tim !

Demain nous n'aurons plus besoin de chercher.

¡Buenas noches Tim!

Mañana ya no tendremos que buscar más.

Dors bien, petit loup !

¡Que duermas bien, pequeño lobo!

Cornelia Haas • Ulrich Renz

Mon plus beau rêve

Mi sueño más bonito

Traduction:

Martin Andler (français)

Raquel Catala (espagnol)

Livre audio et vidéo :

www.sefa-bilingual.com/bonus

Accès gratuit avec le mot de passe:

français: **BDFR1527**

espagnol: **BDES1428**

Lulu n'arrive pas à s'endormir. Tous les autres rêvent déjà – le requin, l'éléphant, la petite souris, le dragon, le kangourou, le chevalier, le singe, le pilote. Et le bébé lion. Même Nounours a du mal à garder ses yeux ouverts.

Eh Nounours, tu m'emmènes dans ton rêve ?

Lulu no puede dormir. Todos los demás ya están soñando – el tiburón, el elefante, el ratoncito, el dragón, el canguro, el caballero, el mono, el piloto. Y el pequeño leoncito. Al osito también se le cierran casi los ojos …

Oye osito, ¿me llevas contigo a tu sueño?

Tout de suite, voilà Lulu dans le pays des rêves des ours. Nounours attrape des poissons dans le lac Tagayumi. Et Lulu se demande qui peut bien vivre là-haut dans les arbres ?

Quand le rêve est fini, Lulu veut encore une aventure. Viens avec moi, allons voir le requin ! De quoi peut-il bien rêver ?

Y así está Lulu en el país de los sueños de los osos. El osito está pescando en el lago de Tagayumi. Y Lulu se pregunta, ¿quién vivirá arriba en los árboles?

Al terminar el sueño, Lulu quiere descubrir aún más cosas. ¡Ven conmigo, vamos a visitar al tiburón! ¿Qué estará soñando?

Le requin joue à chat avec les poissons. Enfin, il a des amis ! Personne n'a peur de ses dents pointues.

Quand le rêve est fini, Lulu veut encore une aventure. Venez avec moi, allons voir l'éléphant ! De quoi peut-il bien rêver ?

El tiburón está jugando a perseguir a los peces. ¡Por fin tiene amigos! Nadie tiene miedo de sus dientes puntiagudos.

Al terminar el sueño, Lulu quiere descubrir aún más cosas. ¡Venid con nosotros, vamos a visitar al elefante! ¿Qué estará soñando?

L'éléphant est léger comme une plume et il peut voler ! Dans un instant il va se poser dans la prairie céleste.

Quand le rêve est fini, Lulu veut encore une aventure. Venez avec moi, allons voir la petite souris. De quoi peut-elle bien rêver ?

El elefante es tan ligero como una pluma y ¡puede volar! Está a punto de aterrizar en la pradera celestial.

Al terminar el sueño, Lulu quiere descubrir aún más cosas. ¡Venid con nosotros, vamos a visitar al ratoncito! ¿Qué estará soñando?

La petite souris visite la fête foraine. Ce qui lui plaît le plus, ce sont les montagnes russes.

Quand le rêve est fini, Lulu veut encore une aventure. Venez avec moi, allons voir le dragon. De quoi peut-il bien rêver ?

El ratoncito está mirando la feria. Lo que más le gusta es la montaña rusa. Al terminar el sueño, Lulu quiere descubrir aún más cosas. ¡Venid con nosotros, vamos a visitar al dragón! ¿Qué estará soñando?

Le dragon a soif à force de cracher le feu. Il voudrait boire tout le lac de limonade !

Quand le rêve est fini, Lulu veut encore une aventure. Venez avec moi, allons voir le kangourou. De quoi peut-il bien rêver ?

El dragón tiene sed de tanto escupir fuego. Le gustaría beberse todo el lago de limonada.

Al terminar el sueño, Lulu quiere descubrir aún más cosas. ¡Venid con nosotros, vamos a visitar al canguro! ¿Qué estará soñando?

Le kangourou sautille dans la fabrique de bonbons et remplit sa poche. Encore plus de ces bonbons bleus ! Et plus de sucettes ! Et du chocolat ! Quand le rêve est fini, Lulu veut encore une aventure. Venez avec moi, allons voir le chevalier ! De quoi peut-il bien rêver ?

El canguro salta por la fábrica de dulces y llena toda su bolsa. ¡Más de los caramelos azules! ¡Y más piruletas! ¡Y chocolate!

Al terminar el sueño, Lulu quiere descubrir aún más cosas. ¡Venid con nosotros, vamos a visitar al caballero! ¿Qué estará soñando?

Le chevalier a une bataille de gâteaux avec la princesse de ses rêves. Ouh-la-la, le gâteau à la crème a raté son but !

Quand le rêve est fini, Lulu veut encore une aventure. Venez avec moi, allons voir le singe ! De quoi peut-il bien rêver ?

El caballero está teniendo una pelea de pasteles con la princesa de sus sueños. ¡Oh, no! ¡El pastel de crema ha ido en la dirección equivocada! Al terminar el sueño, Lulu quiere descubrir aún más cosas. ¡Venid con nosotros, vamos a visitar al mono! ¿Qué estará soñando?

Il a enfin neigé au pays des singes. Toute leur bande est en folie, et fait des bêtises.

Quand le rêve est fini, Lulu veut encore une aventure. Venez avec moi, allons voir le pilote ! Sur quel rêve a-t-il pu se poser ?

¡Por fin ha nevado en el país de los monos! Toda la banda de monos se ha vuelto loca y está haciendo tonterías.

Al terminar el sueño, Lulu quiere descubrir aún más cosas. ¡Venid con nosotros, vamos a visitar al piloto! ¿En qué sueño habrá aterrizado?

Le pilote vole et vole. Jusqu'au bout du monde, et encore au delà, jusqu'aux étoiles. Jamais aucun pilote ne l'avait fait.
Quand le rêve est fini, ils sont déjà tous très fatigués, et n'ont plus trop envie d'aventures. Mais quand même, ils veulent encore voir le bébé lion.
De quoi peut-il bien rêver ?

El piloto vuela y vuela. Hasta el fin del mundo y aún más allá, hasta las estrellas. Esto no lo ha conseguido ningún otro piloto.

Al terminar el sueño, están ya todos muy cansados y no desean descubrir mucho más. Pero aún quieren visitar al pequeño leoncito. ¿Qué estará soñando?

Le bébé lion a le mal du pays, et voudrait retourner dans son lit bien chaud et douillet.
Et les autres aussi.

Et voilà que commence ...

El pequeño leoncito tiene nostalgia y quiere volver a su cálida y acogedora cama.
Y los demás también.

Y ahí empieza ...

... le plus beau rêve
de Lulu.

... el sueño más bonito
de Lulu.

Ulrich Renz • Marc Robitzky

Les cygnes sauvages

Los cisnes salvajes

Traduction:

Martin Andler (français)

Marcos Canedo, Anouk Bödeker (espagnol)

Livre audio et vidéo :

www.sefa-bilingual.com/bonus

Accès gratuit avec le mot de passe:

français: **WSFR1527**

espagnol: **WSES1428**

Ulrich Renz · Marc Robitzky

Les cygnes sauvages

Los cisnes salvajes

D'après un conte de fées de
Hans Christian Andersen

français — bilingue — espagnol

Il était une fois douze enfants royaux — onze frères et une sœur ainée, Elisa. Ils vivaient heureux dans un magnifique château.

Había una vez doce hijos de un rey – once hermanos y una hermana mayor, Elisa. Ellos vivían felices en un castillo hermoso.

Un jour, la mère mourut, et après un certain temps, le roi se remaria. Mais la nouvelle épouse était une méchante sorcière. Elle changea les onze princes en cygnes et les envoya dans un pays éloigné, au delà de la grande forêt.

Un día murió la madre y algún tiempo después, el rey se volvió a casar. Pero la nueva esposa era una bruja malvada. Convirtió a los once principes en cisnes y les mandó a un país muy lejano más allá del gran bosque.

Elle habilla la fille de haillons et enduisit son visage d'une pommade répugnante, si bien que son propre père ne la reconnut pas et la chassa du château. Elisa courut vers la sombre forêt.

A la niña la vistió con harapos y le puso una crema fea en la cara, de manera que ni su propio padre la reconoció y la echó del castillo. Elisa corrió al bosque oscuro.

Elle était alors toute seule et ses frères lui manquaient terriblement au plus profond de son âme. Quand le soir vint, elle se confectionna un lit de mousse sous les arbres.

Ahora estaba más sola que nunca y añoró con toda el alma a sus hermanitos desaparecidos. Cuando anocheció, se hizo una cama de musgo bajo los árboles.

Le lendemain matin, elle arriva à un lac tranquille et fut choquée de voir son reflet dans l'eau. Une fois lavée, cependant, elle redevint le plus bel enfant royal sous le soleil.

A la mañana siguiente siguiente llegó a un lago de aguas tranquilas y se asustó cuando vió su imagen reflejada en el agua. Pero después de haberse lavado, fue la princesa más linda bajo el sol.

Après de nombreux jours, elle arriva à la grande mer. Sur les vagues dansaient onze plumes de cygnes.

Después de muchos días, Elisa llegó al gran mar. En las olas, once plumas de cisne se mecían.

Au coucher du soleil, il y eut un bruissement dans l'air, et onze cygnes sauvages se posèrent sur l'eau. Elisa reconnut tout de suite ses frères ensorcelés. Mais comme ils parlaient la langue des cygnes, elle ne pouvait pas les comprendre.

Cuando se puso el sol, hubo un murmullo en el aire y once cisnes salvajes aterrizaron sobre el agua. Elisa reconoció inmediatamente a sus hermanos embrujados. Pero como hablaban el idioma de cisnes, ella no les podía entender.

Chaque jour, les cygnes s'envolaient au loin, et la nuit, les frères et sœurs se blottissaient les uns contre les autres dans une grotte.

Une nuit, Elisa fit un rêve étrange : sa mère lui disait comment racheter ses frères. Elle devrait tricoter une chemise d'orties à chacun des cygnes et les leur jeter dessus. Mais avant d'en être là, il ne fallait pas qu'elle prononce un seul mot : sinon ses frères allaient mourir.
Elisa se mit au travail immédiatement. Et bien que ses mains lui brûlaient comme du feu, elle tricotait et tricotait inlassablement.

De día los cisnes salían volando, de noche los hermanos y la hermana se acurrucaban los unos con los otros en una cueva.

Una noche, Elisa tuvo un sueño extraño: Su madre le dijo cómo podría liberar a sus hermanos. Tendría que tejer una camiseta de ortiga, una mala hierba con hojas punzantes, para cada uno de los cisnes y vestirles con ella. Pero hasta entonces no podría decir ni una palabra, de lo contrario sus hermanos morirían.
Elisa empezó de inmediato con su trabajo. Aunque sus manos le ardían como fuego, seguía tejiendo incansablemente.

Un jour, des cornes de chasse se firent entendre au loin. Un prince, accompagné de son entourage, arriva à cheval et s'arrêta devant elle. Quand leurs regards se croisèrent, ils tombèrent amoureux.

Un día sonaron cornetas de caza a lo lejos. Un principe llegó con su séquito y de pronto estuvo frente a ella. Cuando los dos se miraron a los ojos, se enamoraron.

Le prince prit Elisa sur son cheval et l'emmena dans son château.

El príncipe levantó a Elisa en su caballo y cabalgó con ella hasta su castillo.

Le très puissant trésorier fut loin d'être content de l'arrivée de cette beauté muette : c'était sa fille à lui qui devait devenir la femme du prince !

El poderoso tesorero estaba de todo menos contento con la llegada de la bella princesa silenciosa. Pues su propia hija debía ser la novia del príncipe.

Elisa n'avait pas oublié ses frères. Chaque soir, elle poursuivait son travail sur les chemises. Une nuit, elle alla au cimetière pour cueillir des orties fraiches. Le trésorier l'observa en cachette.

Elisa no había olvidado a sus hermanitos. Cada noche seguía trabajando en las camisetas. Una noche se fue al cementerio para buscar ortigas frescas. En esto, el tesorero le observó en secreto.

Dès que le prince partit à la chasse, le trésorier fit enfermer Elisa dans le donjon. Il prétendait qu'elle était une sorcière qui se réunissait avec d'autres sorcières la nuit.

Tan pronto como el principe fue de cacería, el tesorero hizo meter en el calabozo a Elisa. Afirmó que era una bruja que se reunía con otras brujas por las noches.

Au petit matin Elisa fut emmenée par les gardes. Elle devait être brûlée sur la place du marché.

En la madrugada, Elisa fue recogida por los guardias. Debía ser quemada en la plaza principal.

A peine y fut-elle arrivée qu'onze cygnes arrivèrent en volant. Elisa, très vite, jeta une chemise d'orties sur chacun d'eux. Bientôt, tous ses frères étaient devant elle en forme humaine. Seul le plus petit, dont la chemise n'était pas terminée, avait encore une aile à la place d'un bras.

En cuanto llegó ahí, once cisnes blancos se acercaron volando. Rápidamente Elisa les lanzó las camisetas vistiendolos. De pronto todos sus hermanos se encontraban frente a ella en su forma humana. Solo el menor, cuya camiseta no estaba del todo terminada, se quedó con una ala en lugar de un brazo.

Les frères et la sœur étaient encore en train de s'étreindre et de s'embrasser quand le prince revint. Elisa put enfin tout lui expliquer. Le prince fit jeter le méchant trésorier dans le donjon. Après quoi, le mariage fut célébré pendant sept jours.

Et ils vécurent heureux et eurent beaucoup d'enfants.

Las caricias y besos todavía no habían acabado cuando el principe regresó. Por fin Elisa le pudo explicar todo. El principe hizo meter en el calabozo al malvado tesorero. Y luego, se celebró la boda por siete días.

Y vivieron felices y comieron perdices.

Hans Christian Andersen

Hans Christian Andersen est né en 1805 dans la ville danoise d'Odense et est mort en 1875 à Copenhague. Avec ses contes de fées tels que « La Petite Sirène », « Les Habits neufs de l'empereur » ou « Le Vilain Petit Canard », il s'est fait connaitre dans le monde entier. Ce conte-ci, « Les cygnes sauvages », a été publié en 1838. Il a été traduit en plus d'une centaine de langues et adapté pour une large gamme de médias, y compris le théâtre, le cinéma et la comédie musicale.

Barbara Brinkmann est née à Munich en 1969 et a grandi dans les contreforts bavarois des Alpes. Elle a étudié l'architecture à Munich et est actuellement associée de recherche à la Faculté d'architecture de l'Université technique de Munich. En outre, elle travaille en tant que graphiste, illustratrice et écrivaine indépendante.

Cornelia Haas est née en 1972 à Ichenhausen près d'Augsbourg. Après une formation en apprentissage de fabricant d'enseignes et de publicités lumineuses, elle a fait des études de design à l'université de sciences appliquées de Münster où elle a obtenu son diplôme. Depuis 2001, elle illustre des livres pour enfants et adolescents, depuis 2013, elle enseigne la peinture acrylique et numérique à la à l'université de sciences appliquées de Münster.

Marc Robitzky, né en 1973, a fait ses études à l'école technique d'art à Hambourg et à l'académie des arts visuels à Francfort. Il travaille comme illlustrateur indépendant et graphiste à Aschaffenburg (Allemagne).

Ulrich Renz est né en 1960 à Stuttgart (Allemagne). Après des études de littérature française à Paris, il fait ses études de médecine à Lübeck, puis dirige une maison d'édition scientifique et médicale. Aujourd'hui, Renz écrit des essais et des livres pour enfants et adolescents.

Tu aimes dessiner ?

Voici les images de l'histoire à colorier :

www.sefa-bilingual.com/coloring

www.ingramcontent.com/pod-product-compliance
Lightning Source LLC
LaVergne TN
LVHW070446080526
838202LV00035B/2749